# CATALOGUE

### DES

## TABLEAUX, DESSINS, GRAVURES

### ET CURIOSITÉS

## DU CABINET DE FEU M. SEHEULT.

1858

# Ordre de la Vente.

### 1re VACATION, LUNDI 15 NOVEMBRE.

Numéros.

Gravures encadrées et en feuilles. . . . . . . . 107 — 141

---

### 2me VACATION, MARDI 16 NOVEMBRE.

Curiosités. . . . . . . . . . . . . . . . . . . . . 142 — 212

---

### 3me VACATION, MERCREDI 17 NOVEMBRE.

Tableaux. . . . . . . . . . . . . . . . . . . . . 1 — 25

---

### 4me VACATION, JEUDI 18 NOVEMBRE.

Tableaux. . . . . . . . . . . . . . . . . . . . . 26 — 53

---

### 5me VACATION, VENDREDI 19 NOVEMBRE.

Dessins et Plans. . . . . . . . . . . . . . . . . 54 — 106
Instruments d'Architecture. . . . . . . . . . . 212 — 223

Nantes, imp. W. Busseuil, rue Santeuil, 8.

# CABINET DE M. SEHEULT.

# TABLEAUX

## Dessins, Gravures et Curiosités.

### TABLEAUX ENCADRÉS.

**BOUT ET BAUDWINS.**

1. Paysage, Vue d'Italie. L. 43. H. 28.

**BIDAULT.**

2. Vue d'Italie. Panneau. H. 32. L. 29.
   Tableau d'une jolie couleur et d'une délicatesse de touche remarquable.
3. Paysage, Vue d'Italie. Panneau, L. 34. H. 26.
4. Paysage (pendant du n° précédent).
   Conditions analogues au n° 2 ; quoique moins léchés cependant.

## TABLEAUX ENCADRÉS.

### BOSCH.

5. Le Pansement. L. 54. H. 46.
   Tableau d'une vigoureuse couleur et avec d'assez jolis détails.

### BIBIENA.

6. Ruines. H. 51. L. 41.
7. *Idem.* Pendant au n° précédent.

### BREUGHELS *le Vieux.*

8. La Tour de Babel, Panneau. L. 1 m. 5. H. 73.
   Belle, curieuse et immense composition avec un nombre infini de figures. C'est assurément une excellente répétition de ce tableau plein de détails inouis, et dont l'original est en possession de la galerie impériale de Vienne.

### BRUANDET.

9. Vue prise dans la forêt de Fontainebleau, figures et animaux de Duval. L. 80. H. 62.
   Très-beau tableau d'une bonne et vigoureuse couleur, d'une imitation vraie et d'une exécution soignée.

10. Une Chasse, figures de Swebach. Panneau. L. 32. H. 24.
    Joli tableau avec toutes les qualités du n° précédent.

### BERGERET.

11. Henri IV mort et rapporté au Louvre, esquisse; toile. L. 44. H. 28.

### BEGYN (Abraham).

12. Animaux à l'Abreuvoir. Panneau. L. 78. H. 50.
    Très-beau tableau d'une riche couleur et très-bien éclairé. Sur le premier plan à gauche, un groupe d'animaux derrière lesquels une femme habillée à l'italienne semble jouer avec un chien; à droite et près d'un abreuvoir, un homme qui étanche sa soif. Au second et à l'arrière-plan, des ruines imposantes.

### CRESPIN.

13. Paysage. Panneau. L. 18. H. 13.

### CHASSELAT (St-Ange).

14. Jeune Fille, un Enfant et un Chien. H. 60. L. 50.

## TABLEAUX ENCADRÉS.

### CANALETTI.

15. Pont du Rialto. L. 78. H. 55.
16. Place Saint-Marc à Venise (même dimension et pendant du précédent).

   Deux des plus remarquables œuvres de ce maître admirable pour la vérité du coloris, de la perspective aérienne, et qui comprenait à un si haut degré la science du contraste simultané des couleurs.

### DEMARNE.

18. L'Hermitage. L. 40. H. 32.

   Délicieux petit tableau traité avec un soin exquis.

### DUJARDIN (Karl)

19. Le Vétérinaire, toile. H. 38. L. 30.

   Jolie composition, où l'on retrouve ces tons chauds, cette lumière vive et cette fidélité d'expression qui distinguent ce maître.

### ÉCOLE FLAMANDE (ancienne).

20. Portement de Croix. Panneau. L. 1 m. 08. H. 68.

   Vaste composition largement traitée, pleine de mouvement et d'animation, et d'un bel effet de lumière.

21. Saint François, stigmate. Cuivre. H. 23. L. 18.
22. Jeune femme au flambeau. Panneau. H. 16. L. 10 (riche cadre doré).

### WOUWERMANS (Ecole de).

23. Une chasse, toile. L. 40. H. 31.

### FRANCK.

24. Un calvaire. Panneau. H. 60. L. 52.
25. Jugement dernier. Panneau. H. 69. L. 60.

   Un des meilleurs tableaux du maître. Il est disposé en forme de peinture de coupole, avec des sujets allégoriques aux quatre angles du cadre.

### DE HEUS (Jacques).

26. Le Calme, marine. L. 98. H. 72.
27. La Tempête, marine (même dimension et pendant du n° précédent).

   Belles et larges compositions d'une couleur vigoureuse et d'effets bien rendus.

## TABLEAUX ENCADRÉS.

### HUYSMANS (Cornille), de Malines.

**28.** Paysage. L. 44. H. 35.
Couleur vigoureuse et touche excellente.

### LELONG.

**29.** Intérieur de ferme, toile. H. 44. L. 38.

### LAAR (Pierre de), dit *Bamboche*.

**30.** Scène villageoise, toile. L. 63. H. 55.
Jolie composition qui joint à une couleur vigoureuse et naturelle le mérite d'une grande expression de vérité, et réunit toutes les qualités qui caractérisent ce maître.

### MIGNARD.

**31.** Portrait de M$^{lle}$ de Conti, toile ovale. H. 21. L. 17.
Joli tableau plein du moëlleux, de la grâce et du fini qui caractérisait ce maître. Ajoutons que la bordure richement dorée qui l'entoure est en bois sculpté.

### MIGNARD (d'après).

**32.** Sainte Magdeleine. Panneau, forme ovale. H. 26. L. 23.
Jolie tête, et bien dans le fini de ce maître.

### NEBEL.

**33.** Effet de neige. Panneau. L. 18. H. 13.

### PINELLO.

**34.** Bacchante, miniature sur ivoire.
Charmante peinture, provenant d'un couvercle de tabatière offerte par Charles IV, roi d'Espagne, à M. Marchal, compositeur et pianiste de S. M.

### PREVOST.

**35.** Bouquets de fleurs, peintures. 2 médaillons (fixés).

### PETIT.

**36.** Paysages. Panneau. L. 48. H. 36.

### PERELLE.

**37.** Port de mer; effet de matin. Panneau. L. 19. H. 15.
Joli tableau, plein de détails, et finement touché.

## TABLEAUX ENCADRÉS.

### RAPHAEL (d'après).

38. La Vierge à la Chaise, toile forme ronde. Diamètre, 36.
Bonne copie moderne, traitée avec soin.

### ROUSSEAU (1839).

39. Etude d'après nature. L. 30. H. 25.
Jolie perspective dans le paysage.

### STENWICK (d'après).

40. Intérieur d'église. H. 68. L. 57.

### TENIERS (DAVID).

41. La Consultation. Panneau. L. 59. H. 48.
Beau tableau d'une riche couleur et empreinte de ces larges nuances d'opposition qui se font si vivement sentir dans les œuvres de ce maître.

### TENIERS (DAVID) fils.

42. Intérieur de cuisine. Panneau. L. 32. H. 25.
Au premier plan, à droite, un jeune garçon qui remonte de la cave, portant à sa main un cruchon qu'il vient d'y remplir. Sur le même plan, à gauche, des fruits, des légumes et des ustensiles de cuisine. Un peu plus loin et dans la même direction, une vieille femme attisant le feu, et dans le fond du tableau, à gauche, une porte ouverte laisse entrevoir au milieu du paysage une gardeuse de troupeau. Tout dans ce tableau respire la touche et la couleur de ce peintre célèbre.

### TENIERS (d'après).

43. La Diseuse de bonne aventure et Scène villageoise, 2 Panneaux. L. 16. H. 10.

### TOCQUÉ.

44. Portrait d'artiste. H. 80. L. 55.
On présume que ce portrait peut bien être celui du peintre PORTAIL.

### TOORNVLIET.

45. Le Joueur de vielle. L. 42. H. 33.
Charmante composition d'une belle couleur, et dans laquelle chaque figure des cinq personnages qui l'animent, exprime, avec une vérité bien sentie, les effets de cette scène d'audition musicale.

### VAN GOYEN.

46. Paysage. Panneau. L. 37. H. 28.

## DESSINS ENCADRÉS.

### VILLERET.

47. Intérieur de l'église Notre-Dame-de Lorette. H. 29. L. 23.
   *Joli tableau avec un bon effet de lumière.*

### WATELET.

48. Le Moulin. L. 33. H. 25.
   *Ravissant tableau d'une excellente couleur, et qui, malgré ses proportions exigues, possède des qualités essentielles d'une grande perspective.*

### DIVERS MAITRES.

49. Animaux, d'après VAN BLOOMEN. L. 50. H. 40.

50. Le Joueur de violon, d'après MIERIS. H. 24. L. 16.

51. Effet de lumière, d'après SCHALKEN. H. 24. L. 16.

53. Le Déjeuner et la Partie de cartes, 2 sujets peints sur verre, genre Louis XV.
   *Charmantes pièces, d'une délicatesse exquise de pinceau.*

# DESSINS ENCADRÉS.

### BIGOT (J.).

54. Paysages, 2 dessins à l'aquarelle.

### CHENANTAIS.

55. Vues prises à Herculanum et Pompeï, 2 dessins à l'aquarelle.

### DAGUERRE.

56. Chapelle des Feuillants, dessin à la Sépia.

## DESSINS ENCADRÉS.

### DEROY.

57. Maison avec tourelle, au milieu d'un paysage, dessin à la Sépia.

### DAVIES (F.).

58. L'Abbaye de Melrose et le Rêve de L. Byron, 2 dessins à l'aquarelle.
59. Restes d'hôtel de la Reine-Blanche et Cour de l'hôtel de Cluny, 2 dessins à l'aquarelle.
60. Cathédrale de Beauvais, dessin à l'aquarelle.

### GUÉ (Oscar).

61. Saint-Pierre de Caen, dessin à l'aquarelle.
   Beau et grand dessin.

### GERE (1832).

62. Ruines d'un Château fort en Normandie, dessin à l'aquarelle.

### S<sup>t</sup> GERMAIN (1838).

63. Les Trois Ages de la vie, costumes bretons, dessin à l'aquarelle.

### KELLIN (1833).

64. Le Rialto, dessin à l'aquarelle.

### LAURENS (1831).

65. Ruines d'une ancienne Abbaye, joli dessin à la sepia.

### MALLET.

66. Baigneuses, dessin à l'aquarelle.
   Ravissante composition, d'un sentiment et d'un goût exquis.

### MOREAU (le jeune).

67. Le sacre de Louis XVI, dessin à la plume, lavé au bistre.
   Grande et remarquable composition reproduite par la gravure.

## DESSINS ENCADRÉS.

### NICOLLE.

68. Antiquités Romaines, cinq dessins au bistre.
Ce numéro sera divisé.

### PORTAIL.

69. Ruines de l'ancien Château du Gâvre, dessinées en **1710**.
Précieux dessin lavé à l'encre de Chine, et l'unique reproduction connue de ce château dont il ne reste plus aujourd'hui aucun vestige. Cette pièce, qui a été remontée, est malheureusement atteinte de quelques piqures de vers, mais toutefois dans les parties sans importance du dessin.

70. Vue de Saint-Pierre de Nantes et de la Motte Saint-André, vers 1700, dessin lavé à l'encre de Chine (*grande dimension*).
Ce dessin est incontestablement d'un haut intérêt archéologique, car il est la représentation très-fidèle et bien rendue de ce qu'était au commencement du XVIII$^e$ siècle l'une des plus belles promenades de notre cité actuelle, et l'on chercherait vainement un sujet gravé pour en perpétuer le souvenir.

71. Intérieur d'Eglise hollandaise, dessin à l'encre de Chine, figures à l'aquarelle.
Très-remarquable dessin, d'une exécution achevée et doué de ce prodigieux talent de perspective qu'on admire dans les tableaux de PETER NEEFS.

### ROBERT.

72. Vue d'Italie, dessin à la pierre noire.
73. Dessins d'Architecture, Ruines et Portiques, deux sujets en forme de médaillons.
74. Monument de Rome, effet de nuit, dessin à la sépia.
75. Ruines, deux dessins à la plume et à l'aquarelle.
76. Ruines d'un temple, deux dessins à la plume et à l'aquarelle.
Belles et vastes compositions, pleines de ce mouvement, de cette ampleur de style et de cette hardiesse de conception qui donnent un tel prix aux œuvres recherchées de cet artiste.

### SEHEULT (le Romain).

77. Ruines du Château du Gâvre, dessin à l'encre de Chine.
Ce dessin est une copie très-exacte, faite en 1774, de celui que nous avons décrit sous le n° 69.

78. Projet de Décorations pour Fête publique, joli dessin à l'aquarelle.
Grande finesse d'exécution et nombreux détails.

79. Ruines et Temples Grecs, études d'architecture, deux grands dessins lavés à l'encre de Chine et à l'aquarelle.

# DESSINS EN PORTEFEUILLE.

80. Le Livre traitant d'Architecture, joli et curieux dessin à l'aquarelle.
   Il est signé R. Seheult. 1771.

## DIVERS ARTISTES.

81. Pêcheurs et Barques normandes, 2 dessins à l'aquarelle.

82. La Lecture sur la Terrasse, dessin à l'aquarelle.

83. Abbaye de Saint-Ouen de Rouen, vue de la nef prise des jardins de l'abbaye, joli dessin à l'aquarelle.

84. Tête antique, peinture grisaille sur ivoire, cadre en médaillon.

85. { Effet de Neige, peinture sur toile fine fixée sous verre, cadre en médaillon.
     Attribué à Demarne.
     Scène Villageoise, d'après Teniers, miniature en médaillon.

86. Hommes d'armes à cheval, 2 miniatures en médaillons.

87. Les Jardins de Trianon, jolie composition genre pastel, peinte sur étoffe et rapportée sur panneau. L. 50 H. 25.
   Ce tableau était primitivement un fonds d'éventail ancien auquel on a rajusté des coins à angles droits pour lui donner une forme carrée. Le sujet qu'il représente est emprunté à l'époque du règne de Louis XIV et la scène comprend 15 figures dessinées avec autant de grâce que de délicatesse; les couleurs ont conservé tout leur éclat et le cadre en rocaille qui les entoure n'est pas sans mérite.

88. Intérieur d'Auberge et scène de Buveurs, jolie composition, genre pastel, peinte sur toile et fixée sur panneau.
   Copie d'un tableau de l'Ecole hollandaise, et disposé dans le genre du n° précédent auquel il fait pendant.

---

# DESSINS EN PORTEFEUILLE.

89. Deux dessins à la sepia, Ruines et Ravin, montés sur bristol.

90. Quatre dessins à l'aquarelle et à la gouache, 3 en feuilles et 1 collé sur carton.

## DESSINS, PLANS ORIGINAUX et SUJETS GRAVÉS.

91. Tombeau de Louis XII et de François Ier, mesuré, dessiné et gravé par Imbard.

> Suite de 65 esquisses, croquis, calques et dessins originaux de l'ouvrage annoncé sous le n° 539 de ce Catalogue.

92. Un carton contenant un grand nombre d'esquisses et de dessins originaux de maisons et de monuments d'Italie, exécutés sur les lieux, par F.-L. Seheult.

> La majeure partie des pièces se compose des dessins de l'ouvrage de l'auteur, intitulé : *Recueil d'architecture dessiné et mesuré en Italie*. Paris, 1821. 1 vol. in-f°.

93. Recueil de 51 dessins originaux au lavis, à la sepia et au crayon noir, de bas reliefs, vases, candelabres, chapiteaux, trophées, monuments funéraires, fragments antiques, etc., remontés sur papier teinté et réunis en 1 vol. in-f°, cart.

> Tous ces dessins dont un certain nombre sont indiqués comme n'ayant pas été gravés, ont été relevés en Italie.

94. Quarante-trois croquis à l'encre de Chine et à la sepia, monuments et ruines d'Italie, exécutés sur les lieux, par M. Fr. Seheult.

# DESSINS,
## Plans originaux et Sujets gravés,
### RELATIFS A LA VILLE DE NANTES.

95. Vue perspective d'une partie de la ville de Nantes, prise du côté de la motte Saint-André, et dont les tours furent démolies par l'arrêt du Conseil le 22 avril 1756.

> Beau dessin à l'encre de Chine de 66 c. de largeur sur 44 c. de hauteur. C'est du reste, et à l'exception des figures, la reproduction exacte, mais plus réduite, de celui que nous avons décrit sous le n° 70. On lit à la suite du titre : *Faite par Seheult, le 5 août 1756*.

96. Plan de la ville de Nantes, comprenant toute la partie fortifiée de la ville, lavé à l'encre de Chine et colorié, avec légende.

> Curieuse et intéressante pièce sur laquelle se trouve consignée l'explication suivante : *Tous ce quy est paint en rouge depant de la ferme de Mme la maréchalle d'Etres* (d'Estrées). *Le Jaune du doumaine du Roy*.

DESSINS, PLANS ORIGINAUX et SUJETS GVRAÉS.   13

97. Plan de la ville de Nantes et de ses environs, lavé à l'encre de Chine et colorié.

<small>Très-beau plan de 1 mètre de largeur sur 0 68 c. de hauteur, dressé en 1722, par *Louis Jouaneaulx*, et qui n'existe pas gravé. C'est incontestablement un travail d'un grand intérêt et l'UNIQUE PIÈCE qui fasse connaître dans son ensemble la position topographique qu'occupaient alors bon nombre de monuments qui ont aujourd'hui disparu, et qui y sont figurés et décrits dans une légende non moins précieuse pour l'histoire locale. Sauf une légère partie enlevée à l'extrémité à droite du plan et quelques mouillures, cette pièce est bien conservée.</small>

98. Plan parcellaire de la Douve, du Boulevard et de la motte Saint-Nicolas, lavé et colorié.

<small>Curieux plan partiel de 95 c. de largeur. Une note, assez illisible, indique que ce plan a été dressé par *René-Louis Offroy et consorts*, *J. Portail et consort*.</small>

99. Plan du Cours de l'Erdre, avec les anciennes fortifications de la partie occidentale de Nantes, les faubourgs du Marchix et le quartier de Barbin, lavé et teinté en couleur.

<small>Pièce intéressante de 1 mètre 40 de longueur sur 0 m. 40 c. de hauteur.</small>

100. Plans, coupes et détails pour une nouvelle église projetée à Nantes, 53 pièces dressées en 1836, par MM. Pollet, Ramée et Ogée fils. — Détails des niches et armoiries de la tour du chœur de la Cathédrale de Nantes, 5 feuilles d'esquisses au crayon.

101. Plans, Coupes et Elévations du projet de reconstruction de l'église Saint-Nicolas, de Nantes (style classique), 8 dessins au trait, lavés et coloriés, sur pap. grand-aigle.

<small>Ces plans ont été dressés par M. Seheult, mais ils n'ont pas été présentés au concours. On y reconnaît toute la sévérité de l'architecture antique.</small>

102. Plans, Coupes et Elévations du projet de reconstruction de l'Eglise Saint-Nicolas, de Nantes (style greco-romain), 8 dessins au trait, lavés et coloriés, sur pap. grand-aigle.

<small>Ces plans sont également dressés par M. Seheult. Ils attestent, dans un ordre d'idées bien différent, une consciencieuse étude ou style ogival appliqué à l'architecture religieuse, et la réunion de ces pièces à celles qui précèdent serait d'un incontestable intérêt local pour un dépôt public.</small>

103. Plan de vingt-quatre Maisons qui seront construites sur l'emplacement de la Sausaye de la ville de Nantes (aujourd'hui l'île Feydeau), construction ordonnée du temps de la mairie de Gérard Mellier, en 1723.

<small>Pièce gravée et rare.</small>

104. Vue perspective de la Chambre des comptes de Bretagne (aujourd'hui l'hôtel de la Préfecture), dessinée par Ant. Hénon, architecte, et gravée par Ransonnette, en 1775.

<small>Pièce rare et curieuse en bon état.</small>

105. Plan de la ville de Nantes et de ses fauxbourgs, levé par Cacault, en 1756 et 1757, et gravé par J. Lattre, en 1759, 1 feuille atlantique (*bien conservé*).

106. Plan géométrique de la ville de Nantes, dressé par F. Pinson. *Nantes*, 1857. 1 feuille atlantique (deux exemplaires).

# GRAVURES ENCADRÉES.

107. Vues de la place Saint-Pierre, au Vatican, du Palais pontifical et l'Ordre de Procession du S. P. le Pape, 2 magnifiques planches gravées en 1774, par G. Vasi, et encadrées en baguette de sapin.

> Les cadres ont 1 mètre 27 de largeur sur 98 cent. de haut. Les gravures sont remontées et sans marges.

108. Intérieur d'un Atelier, gravé à la manière noire d'après le tableau de H. Vernet, par Jazet (*cadre en bois doré*).

109. Vues de Naples, de Pompei et Eruptions du Vésuve, gouaches sur fond brun, 5 sujets encadrés, baguette dorée.

110. La Visitation et l'Ascension de la Vierge, le Portement de Croix, Jésus crucifié et l'Ensevelissement, suite de 5 grands dessins de vitraux, gravés par Herwegen, imprimés à plusieurs couleurs et richement encadrés avec baguette dorée à moulures.

> Magnifique suite dont chaque cadre a 1 mètre 17 cent. de hauteur sur 35 cent. de largeur (mesures d'intérieur).

111. L'Enlèvement des Sabines, d'après le tableau de David, gravé au pointillé par Massard (*cadre en bois doré*).

> Très belle épreuve d'artiste, avant la lettre, *avec envoi d'auteur*. Quelques piqûres dans la marge supérieure.

112. Le Passage des Thermopyles, d'après le tableau de David, gravé par Laugier (*cadre en bois doré*).

> Belle épreuve.

113. Homère et Bélisaire, sujets gravés d'après Gérard, par Massard et Desnoyers, 2 feuilles (*cadres dorés*).

## GRAVURES ENCADRÉES.

**114.** Le Char du Soleil, sujet gravé par Fr. Raynold, d'après le Guide (*cadre doré*).
Bonne épreuve d'une excellente et belle gravure.

**115.** La Transfiguration, gravée d'après Raphaël par Morghen, belle gravure en hauteur (*cadre doré*).
Quelques taches se remarquent sur l'épreuve, mais il est facile de la nettoyer.

**116.** Daphnis et Chloë, gravure de Richomme, d'après Gérard, belle gravure en largeur (*cadre doré*).
Bonne épreuve.

**117.** Raphaël et la Fornarina, gravure de Garnier, d'après Picot, sujet en hauteur (*cadre doré*).
Quelques taches jaunes sur le bord des marges.

**118.** Le Serment des Horaces, gravure de Morel, d'après David, sujet en largeur (*cadre doré*).

**119.** La Cène, sujet gravé d'après Leonard de Vinci, par Thouvenin (*cadre doré*).

**120.** L'Education du Christ, sujet gravé d'après André del Sarte, par Morghen (*cadre doré*).
Très belle gravure en largeur.

**121.** Triomphe de Galatée, peinture à fresque de Raphaël, dessinée et gravée par Richomme (*cadre doré*).
Très-belle gravure en hauteur.

**122.** Andromaque, d'après le tableau de P. Guérin, gravé au pointillé par Richomme (*cadre en bois doré*).
Belle épreuve.

**123.** Enée chez Didon, d'après le tableau de P. Guérin, gravé au pointillé par Forster (*pendant au précédent*).
Belle épreuve, mais dont l'un des coins de la marge inférieure est atteint de mouillure.

**124.** L'Innocence, gravure de Berwic, d'après Mérimée (*cadre doré*).
Belle épreuve.

**125.** L'Éducation d'Achille, gravure de Berwic, d'après Regnault (*cadré doré*).
Belle épreuve

## GRAVURES EN FEUILLES.

126. Cinq planches, Trophées et Bas-Reliefs, gravés par Piranesi, et une planche Motifs d'Architecture, lith. par H. Roux, d'après le dessin de M. Leclere.

127. Détails des quatre faces du Piédestal de la Colonne Trajane, gravés par Piranesi, 4 feuilles atlantique, in-plano.
    Deux planches coupées dans le plis.

128. Quinze grandes feuilles, Vues et Plans de Rome, Antiquités diverses, gravées par Piranesi.
    Ce numéro sera divisé.

129. Cinq feuilles, Vases, Candélabres et Bas-Reliefs, gravés par Piranesi.

130. Prospetto di Alma citta di Roma, visto dal Monte Gianicolo, inciso da Guiseppe Vasi. Anno 1765. 12 pièces grand format, en feuilles.
    Ce vaste plan, qui porte une légende avec 390 numéros de renvois aux monuments qu'il reproduit, peut être assemblé sur une seule feuille, mesurant une surface totale de 2 mètres 58 en largeur, sur 1 mètre de hauteur.

131. Aspect général de Rome, 1 feuille grand aigle, gravée à la manière noire par Appert, d'après les dessins de Testard.

132. Arabesques des Loges de Raphaël au Vatican, 16 grandes planches coloriées avec soin.
    Cette précieuse collection dépend de l'ouvrage gravé par Volpato et autres. Elle se compose de 12 sujets en feuilles, de 2 avec magnifiques cadres à moulures dorées; mais pour ajuster ces derniers à la dimension d'un panneau de porte, on a dû détacher 6 motifs pris dans les premiers, qui paraissent eux-mêmes avoir été déjà encadrés. Cette collection se complète par les deux portiques également coloriés. A l'exception de 2 ou 3 feuilles qui n'ont pas été assez ménagées aux angles, cette intéressante suite est en bon état de conservation.

133. Plans, Coupes et Vues intérieure et extérieure de la nouvelle église de Sainte-Geneviève, d'après les dessins de M. Desbœufs de Saint-Laurent, en 1765. 4 pl. gravées. — Elévation du Portail et du Dôme des Invalides. 2 pl.

gravées. — La Colonne Trajane, gravée par Piranesi, 5 feuilles assemblées ensemble.

<small>Toutes ces pièces sont en assez mauvais état, et la dernière surtout a beaucoup souffert.</small>

134. Cinq feuilles grand aigle, Vues des cathédrales d'Orléans, de Rheims, d'Anvers, de Fribourg et de Bâle, lithographiées et gravées à la manière noire.

135. Quatre Bas-Reliefs antiques, dessinés par Moitte, et gravés à la manière noire, par Janinet, de dimensions différentes.

136. Sept sujets coloriés sur fond noir, Motifs et Peintures d'Herculanum et de Pompeïa, dont 2 encadrés en baguettes dorées.

137. Bas-Relief allégorique de la Révolution, dessiné par Moitte, et gravé à la manière noire, par Lucien. Cahier de 5 feuilles oblong.

138. La Chambre à coucher de Louis XIV et la Galerie des Bustes au château de Versailles. 2 belles photographies montées sur Bristol.

139. Vingt-quatre Portraits des principaux Personnages de la Révolution française, gravés par les plus habiles artistes. *Paris, Furne*, 1835. Gr. in-8° jésus.

140. Le Palais de cristal et les nouveaux bâtiments du Parlement à Londres, sujets imprimés en couleur, par Baxter. 2 feuilles sur bristol. — Vue de l'Eglise Sainte-Marie, à Pise, et du Rosendal, en Allemagne. Sujets coloriés et genre aquarelle.

141. Plan de Paris, dédié au commerce et à l'industrie, dessiné par Ernest Lebrun, et gravé sous la direction de Pernel. *Paris, Morel et Verrier*, 1855. 1 feuille grand format atlantique.

<small>Magnifique plan imprimé avec teinte, et dans lequel figurent tous les Monuments sans exception, tels qu'ils existent.</small>

Nota — On vendra avant le numéro 107, et par lots, une grande quantité de Gravures et de Plans que le temps n'a pas permis de cataloguer.

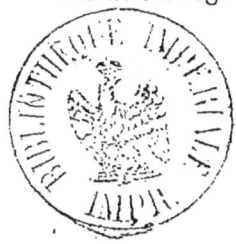

# BRONZES, PORCELAINES,
## Curiosités.

142. Un grand nombre de Coquilles, de Minéraux et de Pétrifications.
     Ce numéro sera divisé.

143. Bronze égyptien antique.

144. La Vérité sous les traits de l'Amour, petite statuette en porcelaine de Saxe.

145. Deux Statuettes en biscuit, Villageois et Villageoise (*porte-allumettes*). H. 20 c.

146. Plusieurs Figurines d'après des motifs pris à Herculanum, sujets en lave du Vésuve et en forme de camées.

147. Bénitier en bronze ciselé, avec croix au milieu, et entourage en feuillage à jour.

148. Vue des Monuments de Pise, peinture sur albâtre transparente, avec bordure en feuillage incrusté. L. 13 c.

149. Vase en faïence vernie, genre Saxe, avec groupe de fleurs, de fruits, d'animaux et coquilles figurés en relief.
     Jolie pièce, malheureusement endommagée dans quelques parties de l'ornementation.

150. Lampes romaines, Vases, Coupes et Amphores en terre de Naples.

151. La Cène, sujet en cuivre repoussé (*bronze florentin*). L. 13 c.

152. Modèle en ivoire d'une Frégate armée de toutes ses pièces et de son gréement, avec la coque en cuivre (*sous verrine*).

153. Le Char de l'Amour, peinture de Fragonard, sur albâtre, forme médaillon en cuivre doré, jolis ornements à rubans.

## BRONZES, PORCELAINES, CURIOSITÉS.

154. Personnage romain, petit bronze antique.

155. Un beau Bureau financière en bois noir verni, avec garnitures et incrustations en cuivre (*genre Louis XV*).

156. Apollon, statuette en albâtre, montée sur son piédestal. H. 41 c. (*sous verrine*).
   Très-bonne réduction d'une œuvre de maître, et exécutée à Florence avec un art qui dénote toute la perfection de l'Ecole italienne.

157. Deux Flambeaux en cuivre ancien, assis sur trois pieds en forme de boucliers, avec panoplie d'armes en croix au milieu. H. 28 c.
   Beau modèle et dans le genre héraldique.

158. Jésus et la femme adultère, coupe en émail, montée (14 *cent de diamètre*).
   Travail d'art exquis.

159. Buste d'Hippocrate, serre-papier en fer fondu.

160. Vénus Callipyge, bronze antique.

161. L'Amour au tambour, porte-montre en biscuit.

162. Baromètre en ivoire, sculpté.
   Jolie pièce en forme de colonne, avec ornements à jour et boussole dans le socle disposé en forme de rotonde, à colonnes.

163. Sujet tiré de la fable, groupe en albâtre. H. 25 c.
   Jolie ébauche à l'antique, d'un sentiment exquis. Le bras de l'une des trois figures dont se compose ce groupe est malheureusement brisé.

164. Homme terrassant un serpent, avec bas-relief antique, groupe en terre cuite bronzée.

165. Le Christ au Tombeau, sujet sur cuivre repoussé (*bronze florentin*). L. 17 c.

166. Modèle de Bateau à Vapeur, avec son canot et tous ses agrès, jolie réduction en bois verni et en cuivre, d'environ 40 cent. de longueur.

167. Groupe d'Amours, jolie peinture sur émail, forme camée.

168. La Cigogne et la Tortue, joli groupe en bronze artistique. H. 20 c.

169. Lave du Vésuve, au milieu de laquelle se trouve incrustée une pièce de monnaie napolitaine qu'on y a plongée au moment où la matière était en fusion.

## BRONZES, PORCELAINES, CURIOSITÉS.

**170.** Deux Bustes en bronze antique, tête de jeune homme et de jeune femme, avec socles en marbre jaune de Sienne, entourage en bronze.

**171.** Une très belle Table antique, en bois noir sculpté et à pieds tournés.

**172.** Plusieurs Statuettes, vases et objets d'étagères en porcelaine de Chine et de Saxe (petits modèles).

**173.** Jongleur, groupe en cuivre bronzé, surmonté d'un bougeoir. H. 21 c.

<small>Réduction de l'une des statues de J. Debay qui se remarque dans le passage Pommeraye, à Nantes.</small>

**174.** Enlèvement (l') des Sabines, beau groupe en albâtre, de 1 mètre de hauteur (*sous verrine carrée*).

<small>Très belle pièce montée sur socle également en albâtre et exécutée à Florence avec toute la perfection de l'art.</small>

**175.** Colonnette en marbre varié de couleurs, avec piédestal.

<small>Réduction de la colonne élevée dans le château de Coubdureau et dont chaque partie est d'un marbre différent de nuances. H. 47 c.</small>

**176.** L'Amour chiffonnier, charmant groupe en bronze doré et en véritable cristal de roche.

**177.** Eléphant richement caparaçonné et transportant des personnages dans un élégant palanquin, jolie pièce en ivoire massif sculpté.

**178.** Tombeau de Cornelius Scipion, réduction en marbre vert, avec inscription. L. 17 c. H. 10 c.

**179.** Jean Bart, buste en cuivre, avec socle et colonnette en marbre noir et blanc.

**180.** Modèle de bateau pêcheur, avec sa mâture, ses cordages et son canot, jolie réduction en bois verni.

**181.** Deux vases grecs, montés sur socle et piédestal, avec ornements, en fonte peinte, façon mine de plomb. Hauteur 35 c.

**182.** Plusieurs coupes, vases et serre-papiers en marbre, albâtre, et verre à fleurs.

**183.** Divinités de l'Inde, jolie groupe en bronze.

<small>Composition curieuse des cinq figures dont se compose ce groupe, produit réel de l'art indien.</small>

# BRONZES, PORCELAINES, CURIOSITÉS.

184. L'Education de Bacchus, pot en terre cuite bronzée, dessin en relief.

185. Deux groupes de figurines, modèles de candelabres, et garniture de cheminée, en biscuit.

186. Oiseaux et fleurs, 2 pierres en mosaïque. L. 15 c.

187. Un soldat de la République, groupe en bronze, d'après Charlet.
   <small>Composition pleine de sentiment et d'une vérité frappante.</small>

188. Les Forges de Vulcain, joli groupe en relief sur nacre. L. 7 c. H. 5 c.
   <small>L'un des angles a été cassé.</small>

189. Le Parthénon, peinture sur albâtre, cadre en bois d'ébène. L. 20 c. H. 15 c.

190. Deux jolies coupes en bronze ciselé, avec socles en marbre jaune de Sienne et entourage en bronze.

191. Dieux de la Fable, 2 statuettes en albâtre, montées sur socle (*sous verrine*). H. 40 c.
   <small>Pièces exécutées à Florence avec la même perfection que celle qui s'applique aux n°° 156 et 174.</small>

192. Tête de Christ et de Vierge, peinture sur émail, forme de camée, cercle en argent.

193. Guerrier avec son armure, statuette en porcelaine de Saxe. H. 34 c.
   <small>Très-belle pièce, dont le bras a cependant été réparé. La lance qu'il tient en main est également rapportée.</small>

194. Plusieurs bronzes antiques et modernes, bustes, animaux, vases, etc.

195. La Prudence et la Sagesse, réduction en plâtre, des figures du tombeau de François II dans la cathédrale de Nantes, par M. Thomas (L.). H. 44 c.

196. Serre-Papiers en marbre noir, avec incrustations en marbre de couleurs variées.
   <small>Mosaïque composée d'environ 40 espèces différentes de marbre.</small>

197. La Foi, l'Espérance et la Charité, très-beau Bénitier en biscuit. H. 35 c.

198. Sujet mythologique, joli groupe en relief sur ivoire antique, forme ovale. H. 9 c.

## BRONZES, PORCELAINES, CURIOSITÉS.

199. Table antique en bois noir sculpté, supportée par des figures allégoriques. L. 1 m. 30. H. 83 c.

200. Dieu de la Fable, figure en corail (*forme camée*).

201. Jeune femme en costume romain, bronze artistique. H. 26 c.

202. Oiseaux : 2 Peintures Mosaïque, sur fond noir (forme de camée).

203. Modèle d'un Brick de guerre, armé de 12 pièces en cuivre montées sur leurs affûts. L. 60 c. H. 16 c.

Charmante réduction en bois de chêne verni, pleine de détails d'un travail achevé.

204. Deux Bronzes Chinois, monture en cuivre.

Ces modèles sont originaux de la Chine et d'une grande rareté. Les montures seules sont d'exécution française.

205. Deux Vases Médicis en biscuit, avec amours enlacés de guirlandes de bleuets, bordures et boutons de fleurs en relief. H. 45 c.

Très-belles pièces d'une conservation intacte.

206. Deux Coupes en Bronze, avec un fond allégorique, et bordures de 11 médaillons en relief, représentant les figures des personnages les plus marquants dans les lettres et les arts, montées sur socle en marbre. Diamètre 19 cent.

207. Sujets de piété, peintures sur aventurine.

Les peintures sont sans importance, mais la pierre est remarquable par sa dimension peu ordinaire.

208. Très-belle Pendule Louis XV, de P. Leroy, délicieux travail Boule, avec riches ornements en cuivre doré.

209. Toilette (la) de Vénus, très-belle statuette en biscuit, avec socle en marbre vert.

Très-belle pièce parfaitement exécutée.

210. Une très-belle Table financière en bois de rose, avec garniture en cuivre.

211. St-Louis de Gonzague et St-Stanislas Kotzka, deux très-belles statuettes en bronze. H. 40 c.

Travail empreint d'une profonde inspiration religieuse.

212. Plusieurs Monnaies anciennes de billon et quelques-unes d'argent.

# INSTRUMENTS D'ARCHITECTURE.

213. Une mire-canne avec son voyon.
214. Un niveau cerclé.
215. Une équerre d'arpenteur.
216. Un grand niveau en cuivre et cinq pièces.
217. Une boîte mathématiques en melchior, avec ses accessoires.
218. Une boîte mathématiques en argent, pointes en or.
219. Un petit balustre et un compas russe.
220. Huit T (règles), dix-sept planchettes et sept équerres.
221. Une chaîne d'arpenteur en rouleau.
222. Echelles, doubles décimètres, règles à calcul.
223. Une grande quantité de papiers à dessin, végétal et dioptique, toiles à calques, crayons, encre de Chine, etc.
Ce n° sera divisé.

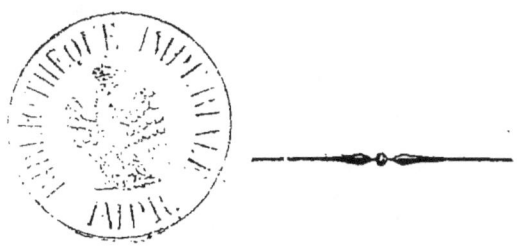

Nantes, imp. William Bosseuil, rue Santeuil, 8

www.ingramcontent.com/pod-product-compliance
Lightning Source LLC
Chambersburg PA
CBHW050038230526
45470CB00003B/1343